Das LEGO® Buch der Gute-Nacht-Geschichten

Text von Tori Kosara

Illustrationen von Sam Bartlett und Jenny Edwards

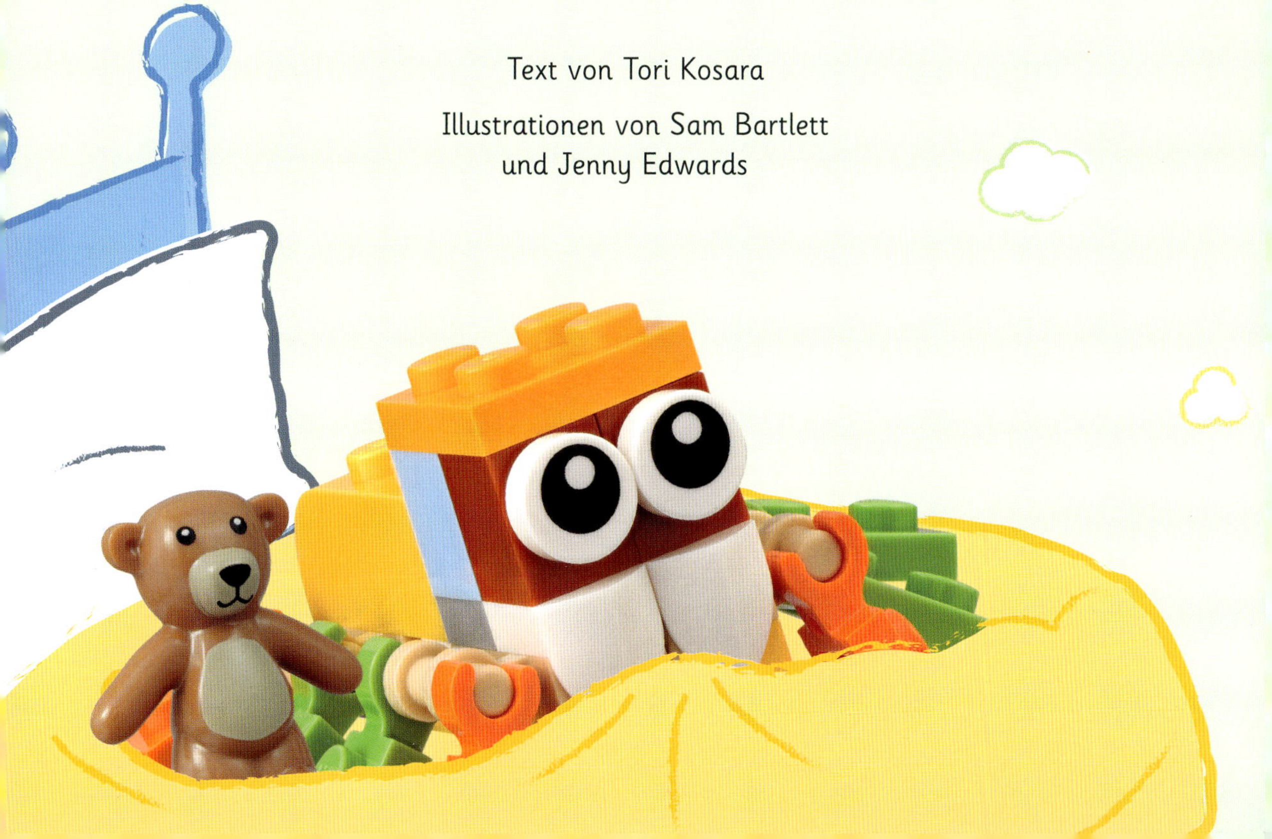

Inhalt

3	Einleitung
4	Bauanleitung: Burg
6	Die Zauberburg
10	Bauanleitung: Papagei
12	Fliegen will gelernt sein
16	Bauanleitung: Roboter
18	Aufräum-Roboter
20	Bauanleitung: Piratenschiff
22	Die Schatzsuche
26	Bauanleitung: Dinosaurier
29	Dinosaurier-Ausflug
32	Bauanleitung: Raumschiff
34	Das Weltraumrennen
38	Bauanleitung: Elefant
40	Simons großer Auftritt
42	Bauanleitung: Spinne
44	Die schlaflose kleine Spinne

Ein Hinweis für Eltern

Schlaf ist wichtig, vor allem für Kinder. Manchmal fällt es schwer, vor dem Schlafengehen Ruhe zu finden. Zum Glück kann eine geregelte Einschlaf-Routine Ihrem Kind helfen, die benötigte Nachtruhe zu bekommen. Beruhigende Aktivitäten und Geschichten vor dem Schlafen können Verbundenheit mit dem Kind schaffen, das kreative Denken verbessern und Sprachentwicklung, Problemlösungsverhalten und sozial-emotionale Fähigkeiten fördern.
Probieren Sie es aus: Schalten Sie mindestens 30 Minuten vor dem Schlafengehen alle Bildschirme ab, um es dem Kind zu ermöglichen, leichter ein- und durchzuschlafen.
Kommen Sie über die Steine und Geschichten aus diesem Buch Ihrem Kind näher. Machen Sie aus der gemeinsamen Erfahrung etwas, worauf Sie sich beide freuen. Bauen Sie zusammen und lassen Sie Ihrer Vorstellungskraft freien Lauf. Damit wird es wahrscheinlicher, dass die Familie nachts besser schläft und gesunde Einschlaf- und Schlafgewohnheiten entstehen, die Ihr Kind ein Leben lang begleiten.
— Dr. Lauren Hale
   Schlafexpertin und Professorin für Familien-, Bevölkerungs- und Vorsorge-Medizin, Stony Brook Universität, New York

Bauzeit

Diesem Buch liegen alle Steine bei, um acht Mini-Modelle zu bauen. Wähle ein Modell aus und nimm die Steine aus dem Buch – man kann jeweils nur ein Modell bauen. Klare Illustrationen in Einzelschritten führen auf den Seiten mit den „Bauanleitungen" durch das Bau-Abenteuer. Auf den Seiten nach den jeweiligen Anleitungen tritt das Modell in einer spannenden, kurzen Gute-Nacht-Geschichte auf, von der man die ganze Nacht lang träumen kann!

Spielzeit

Am Morgen – nach gutem Schlaf – nimm deine LEGO® Steine und überlege, was du aus der Geschichte bauen könntest, die du am vorigen Abend gehört hast. Vielleicht baust du Sam Spinne ein gemütliches Bett oder eine Schatzkiste für die Piraten? Oder entwirf aus den Steinen ein eigenes Modell. Dann denkst du dir eine Geschichte dazu aus. Bau, was du dir erträumst!

Bau mir doch bitte ein Bett, wenn du aufwachst.

Burg

Hast du dir je vorgestellt, auf einer Burg zu wohnen? Schnapp dir die Steine aus dem Buch und erlebe mit dieser Anleitung ein magisches Abenteuer.

1

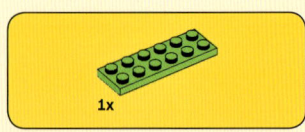

2

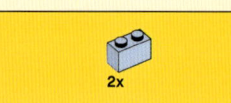

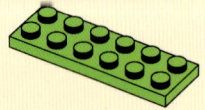

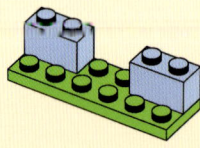

3

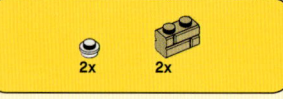

Schon gewusst?

Die frühesten Burgen wurden vor über tausend Jahren aus Holz und Lehm gebaut. Später errichtete man sie aus Steinen.

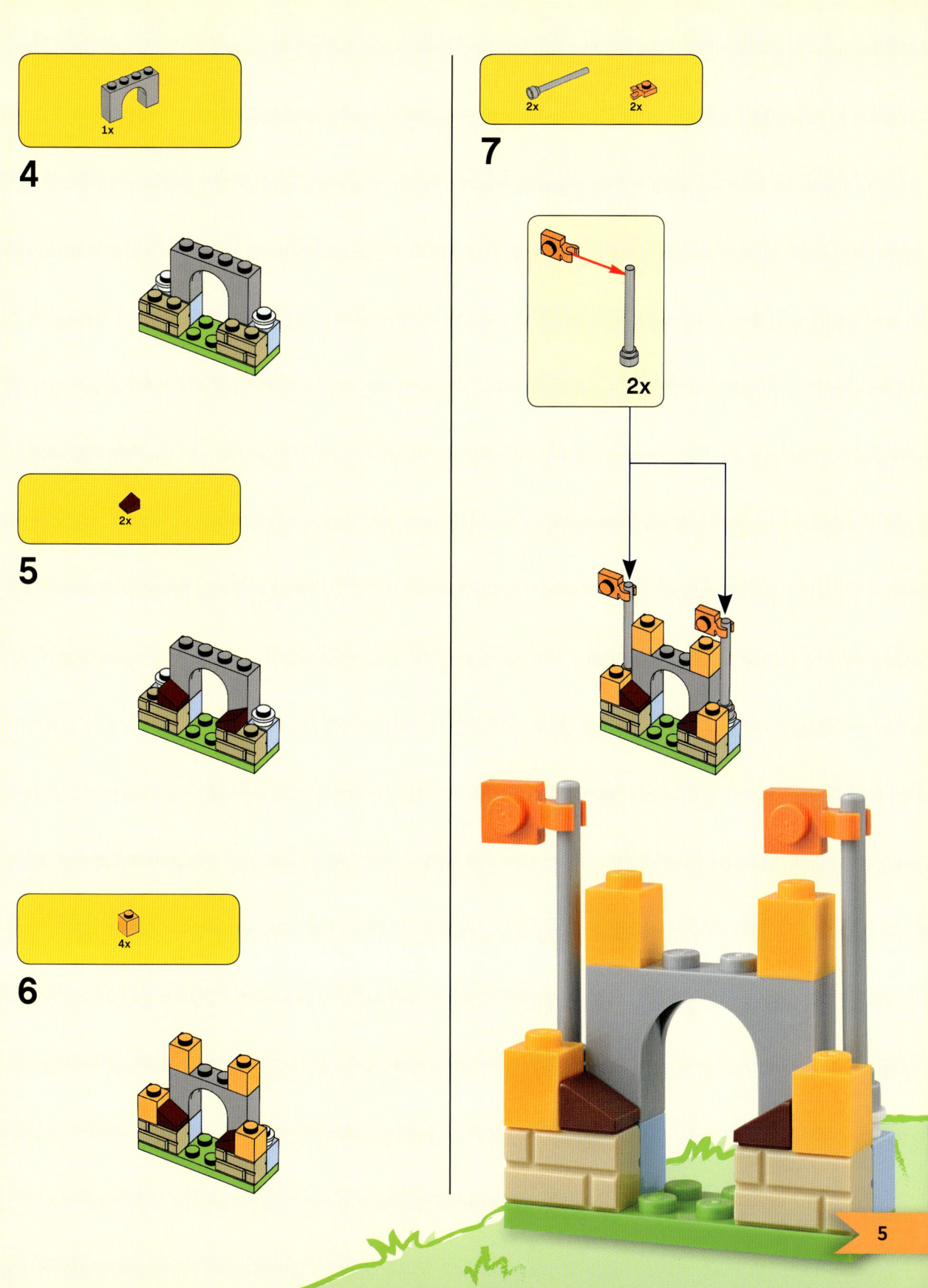

Die Zauberburg

In einer sternenreichen Nacht schaute Prinzessin Ganzallein aus dem Fenster ihres Schlafgemachs. „Mir ist langweilig", murmelte sie. Die Prinzessin lebte schon sehr lange hinter den Burgmauern.

„Wir wollen nicht, dass dir etwas zustößt!", meinten ihre Eltern König Sorgenvoll und Königin Nervösa. Und so war die arme Prinzessin bis heute noch nie aus der Burg gekommen.

Eine Sternschnuppe **zischte** vorbei. Prinzessin Ganzallein kniff die Augen zu und wünschte sich: „Da ich die Burg nicht verlassen kann, soll die Burg eben mich fortbringen!"

Ich hoffe auf Sternmagie!

Als sie die Augen öffnete, sah sie dieselbe Aussicht wie jeden Tag ihres bisherigen Lebens. Die Prinzessin seufzte. Ihr Zimmer war ja ganz schön, dachte sie, als sie ihre Spielsachen und die Bücherstapel sah, aber sie wünschte sich ein echtes Abenteuer. Da fing die Burg an, sich **zu rütteln und zu schütteln.** Mit einem Ruck machte sie sich los und flog hoch hinauf.

„Es funktioniert!", rief die Prinzessin begeistert.

Vor dem Fenster sah Prinzessin Ganzallein die Welt an sich vorbeiziehen. Dann landete die Burg mit einem Rums, der Prinzessin Ganzallein auf den Boden plumpsen ließ.

„**Oooh!**" Die Prinzessin klatschte, als sie aus dem Fenster schaute. „Ein Vulkan!"

„**Ah! Heiß!**", brüllte ein Wächter herauf. „Ein brodelnder Vulkan!" Der Wächter rannte zurück in die Burg.

„Oje!", sagte die Prinzessin, als plötzlich feurige Lava aus dem Vulkan schoss. „Vielleicht reisen wir doch lieber andersworin. **Los, Burg!**", sagte sie.

Die Burg brachte sie an Orte, die sich die Prinzessin bislang nur vorgestellt hatte: auf die Spitze eines schneebedeckten Berggipfels und tief in einen dunklen Dschungel, wo Tiger und Riesenschlangen lauerten. Schließlich landete die Burg mit einem großen **Platsch** im Meer und schwebte bis zum Grund.

„Was ist denn hier los?", blubberte Königin Nervösa, die ins Schlafgemach der Prinzessin platzte. „Unsere Burg ist ja völlig durchnässt!"

„So ist es!", sagte der König.

Eine Meerjungfrau schwamm ans Fenster. „Hallo! Könnten Sie bitte Ihre Burg hier wegnehmen? Sie steht auf meinem Haus!"

„Oh – das tut uns leid!", rief Prinzessin Ganzallein.

„Furchtbar leid", sagte die Königin. „Das muss ein Fluch oder ein missglückter Zauber sein."

Wie sind wir denn hier gelandet?

„Na ja", sagte die Prinzessin, „ich hab mir bei einer Sternschnuppe was gewünscht."

„Du hast dir gewünscht, unsere Burg bei den Haien zu versenken?", beschwerte sich der König.

„Es ist langweilig in der Burg. Ich will nur mal raus", maulte Prinzessin Ganzallein.

„Aber was ist, wenn dir etwas Schlimmes zustößt, meine teure Tochter?", fragte der König.

„Na, mir wird aber auch nichts Gutes zustoßen, wenn ich immer nur drinnen bleibe", sagte die Prinzessin.

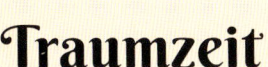

König Sorgenvoll und Königin Nervösa dachten nach. „Wenn wir dich draußen spielen lassen, wünschst du uns dann nicht mehr an die gefährlichsten Orte der Welt?"

„Ganz genau", sagte die Prinzessin. Sie umarmte ihre Mutter und ihren Vater. „Aber vom Weltraum habt ihr nichts gesagt. **Los, Burg!**"

Traumzeit

★ Welche Weltraumwesen wird Prinzessin Ganzallein treffen?

★ Wenn du eine Reiseburg hättest, was würdest du dir ansehen?

★ Wie würde eine Weltraumburg aussehen?

Papagei

Träumst du auch davon, hoch über den Baumwipfeln zu schweben wie ein Vogel? Hol dir deine Steine und folge der Anleitung. Dann fliegst du los ins Dschungelabenteuer.

1
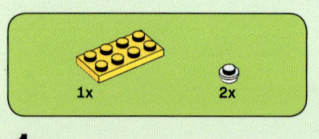

2
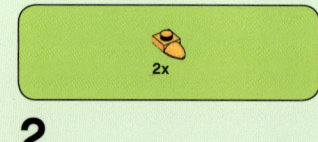

4
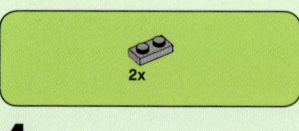

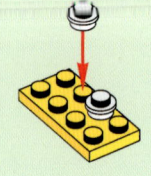

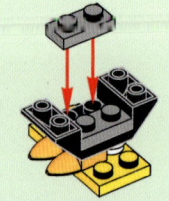

3

5

Schon gewusst?
Manche Papageien können menschliche Sprache nachahmen! Diese Papageien sprechen kurze Worte wie zum Beispiel „Hallo".

Fliegen will gelernt sein

Sonnenlicht fiel durch das dichte Blattwerk tiefer und tiefer bis zum kühlen Boden des Regenwalds, wo im Halbdunkel eine Schar Papageien schnatterte.

„Los!", rief plötzlich ein Papagei. Die Vögel flatterten mit *flirrenden Federn* auf.

Fröhliches Kreischen lag in der Luft. Nur einen kleinen Papagei hörte man nicht.

„**Wartet auf mich!**", rief er und schlug so fest mit den Flügeln, wie er konnte. Aber so sehr er es auch versuchte, der kleine Papagei blieb auf dem Waldboden.

Bald waren die Papageien verschwunden, und der kleine Vogel fing an zu weinen.

„Warum weinst du denn?", fragte ein Panda, der an einem Baum in der Nähe lehnte.

„Ich, ich …", der kleine Papagei schluchzte und schniefte. „**Ich weiß nicht, wie man fliegt.**"

Der Panda kaute auf einem Stück Bambus und streckte seine Arme aus. Langsam wedelte er damit. „Ich auch nicht", erklärte er lachend. „Es ist doch schön auf dem Waldboden. Hier", sagte der Panda, „probier mal den leckeren Bambus."

„Nein, danke", erwiderte der kleine Papagei und wischte sich die Tränen ab. „Ich muss die anderen einholen. Ich muss fliegen lernen."

„Sprach hier jemand vom Fliegen?" Ein Affe schwang sich an einer Liane durch die Bäume und **sprang** auf den Waldboden.

> Es ist doch schön auf dem Waldboden.

„Ich kann vielleicht helfen", sagte der Affe.

Lachend ließ der Panda den Bambus fallen. „Aber du bist ein Affe! Du kannst nicht fliegen!"

Der Affe richtete sich auf. „Ich sagte nicht, dass ich fliegen kann. Ich sagte, ich kann helfen."

„Kannst du mir bitte helfen?", schniefte der kleine Papagei.

Schick mir eine Karte per Luftpost!

„Klar", sagte der Affe und half dem Papagei auf einen niedrigen Ast.

„Ich habe Hunderte Vögel bei ihrem ersten Flugversuch gesehen", sagte der Affe. „Am wichtigsten ist zu glauben, dass du es kannst. Sprich mir nach: **Ich kann fliegen!**"

„Ich … kann." Der kleine Papagei schaute zu Boden. Der sah sehr weit weg aus! „Ich kann nicht. Ich kann nicht. Ich kann nicht!"

„Du kannst es", sagte der Affe.

„Denke an etwas, das dich glücklich macht. Dann fühlst du dich leichter als Luft. Versuch es noch einmal."

„Also gut", sagte der Papagei. Er dachte an seine Freunde. Der kleine Papagei *flat-flat-flatterte* und hob ab. „Ich fliege!"

„Hurra!", jubelte der Affe. „Ich wusste es doch."

Der kleine Papagei fand bald die Papageienschar.

„Hallo!", strahlte der kleine Papagei. „Kann mir bitte jemand zeigen, wie man landet?"

„Los, kleiner Papagei", sagten sie. **„Du schaffst das!"**

Traumzeit

★ Was werden der kleine Papagei und seine Freunde Lustiges zusammen unternehmen?

★ Wohin würdest du fliegen, wenn du könntest?

★ Wen würdest du im Dschungel treffen?

Bauanleitung

Roboter

Roboter können einiges erledigen, etwa Spielzeug bauen oder bei dir zu Hause putzen. Hättest du doch bloß einen Roboter, der dir beim Bauen dieses Roboters hilft …

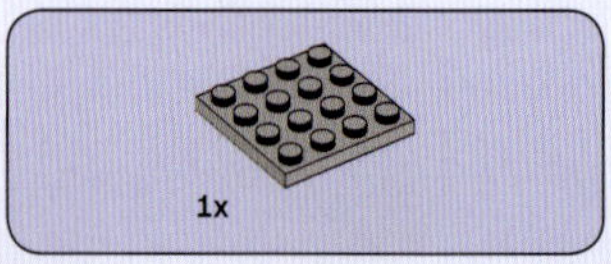

1 — 1x
2 — 2x
3 — 2x
4 — 2x
5 — 1x, 1x

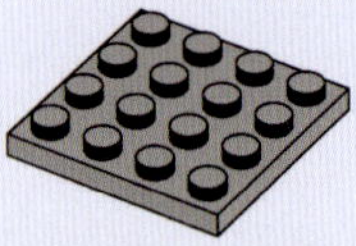

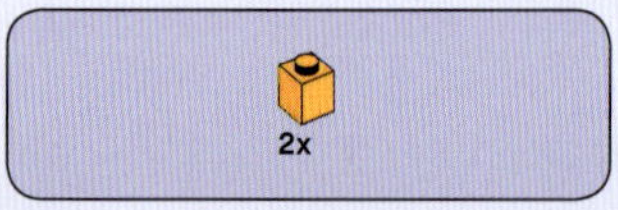

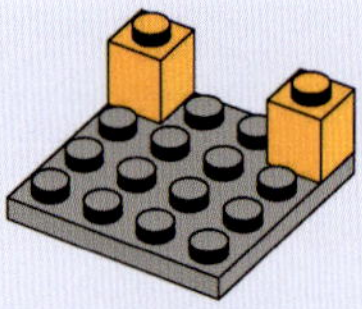

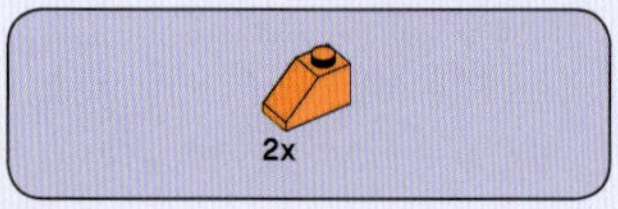

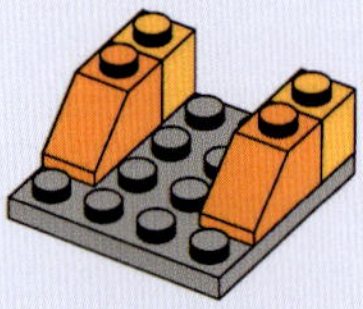

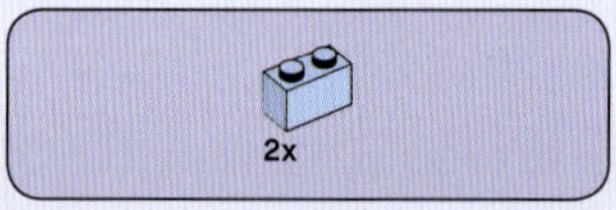

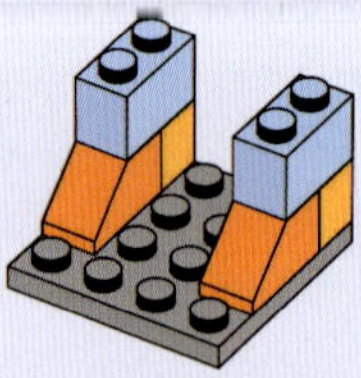

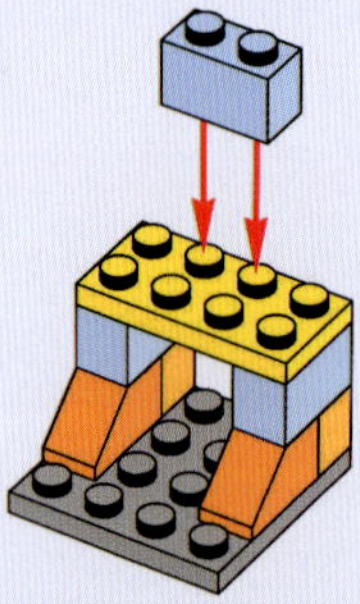

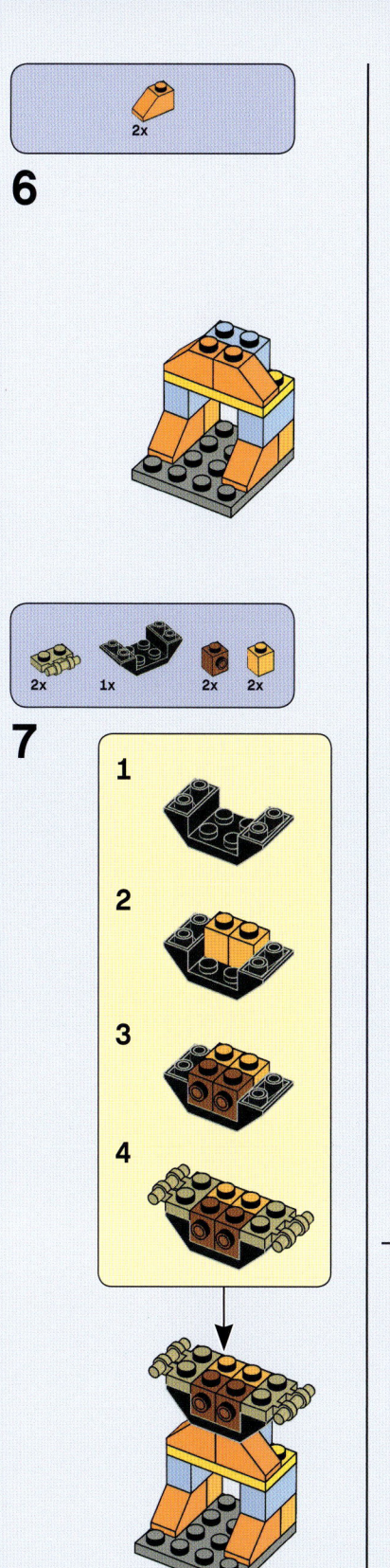

Schon gewusst?

Roboter sind nie gelangweilt oder müde. Sie können lange ohne Pause arbeiten.

Aufräum-Roboter

„Bitte räume jetzt auf, Tim!", rief Papa die Treppe herauf. „In deinem Zimmer sieht's schlimm aus!"

Tim stöhnte. „Ich will aber nicht aufräumen." Er warf einen Blick auf seine Werkzeugkiste und die Überbleibsel vom Basteln. „Und vielleicht muss ich das ja auch nicht!" Er grinste.

Tim machte sich an die Arbeit, bis er einen Riesenroboter gebaut hatte. Er wischte sich die Hände ab. „Gut. Los geht's." Tim nahm den Arm des Roboters. „Jetzt drücke ich nur diesen Knopf und **Simsalabim!** Der Roboter räumt mein Zimmer auf."

Tim lehnte sich zurück, als der Roboter langsam den Arm hob und quietschend die Beine in Bewegung setzte. Dann klappten seine Augen auf.

Was kann da schon schiefgehen?

„Aufräumen. Aufräumen", sagte er und stapelte Müll in den Abfalleimer. Das Zimmer war in Nullkommanichts tadellos sauber.

Tim drückte auf den Stopp-Knopf – aber der Roboter räumte weiter auf. **„Halt!"**, rief Tim. „Das reicht."

„Aufräumen. Aufräumen", sagte der Roboter und stopfte Tims Bett in den Müll.

Tim nahm sein Werkzeug und verfolgte den Roboter, der gerade die Katze in den Müll steckte.

„Tim, **Hilfe!**", rief Papa, als der Roboter auch ihn wegwerfen wollte.

Tim verdrahtete den Roboter gerade noch rechtzeitig neu. Der Arm hielt quietschend an und die Katze brachte sich in Sicherheit.

„**Puh**", rief Tim. „Das war knapp. Vielleicht nehme ich nächstes Mal doch lieber den Staubsauger!"

Traumzeit

★ Was würdest du mit einem Roboter anstellen?

★ Welchen Namen würdest du deinem Roboter geben?

★ Wie würdest du dir einen Roboter bauen?

Bauanleitung

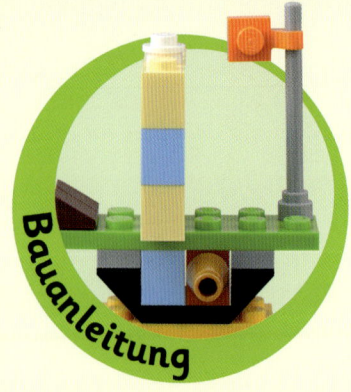

Piratenschiff

Ahoi, Landratte! Wenn du davon träumst, aufs Meer zu segeln und Schätze zu suchen, brauchst du ein Schiff. Bau dein Schiff und komm zu einem Abenteuer an Bord.

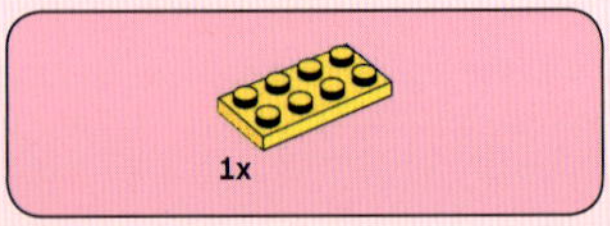
1x

1

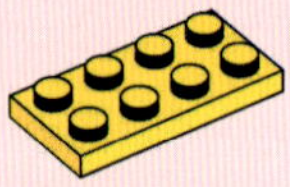

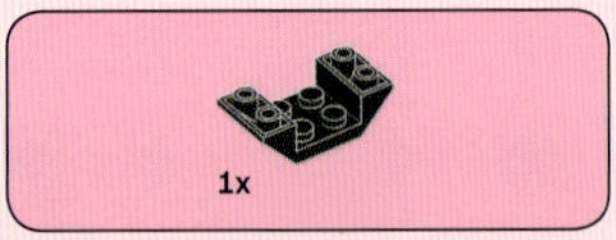
1x

2

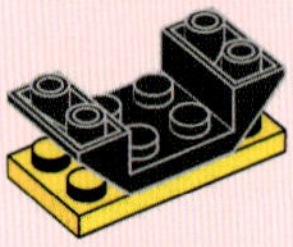

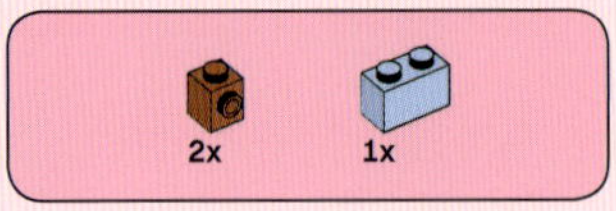
2x
1x

3

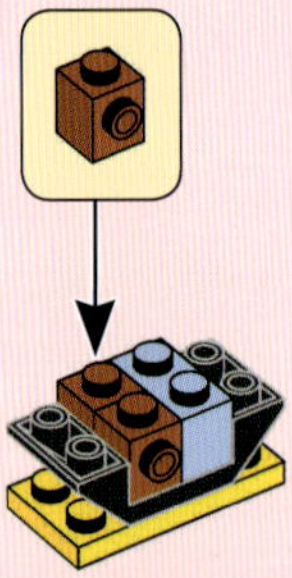

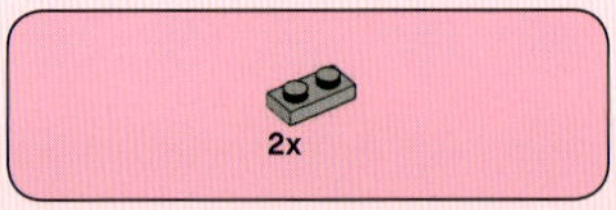
2x

4

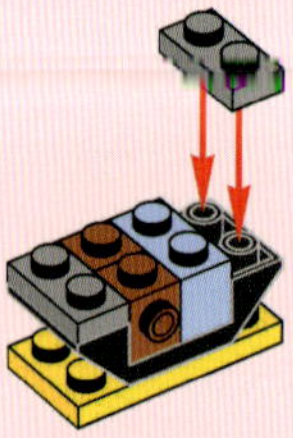

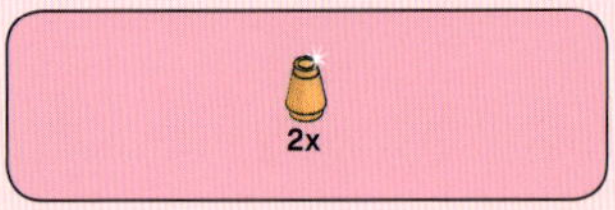
2x

5

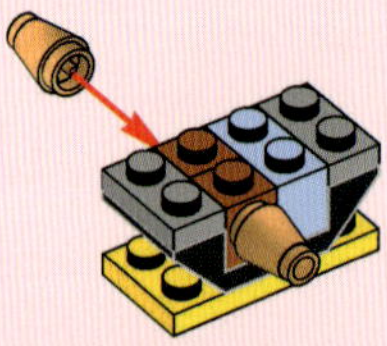

Schon gewusst?

Echte Piratenschiffe waren vor allem aus Holz. Zur Mannschaft gehörte ein Tischler, der das Schiff reparieren konnte.

Die Schatz-suche

Es war der perfekte Tag für eine Schatzsuche. Das Meer **glitzerte** unter der hellen Sonne, und die salzige Brise wehte genau richtig, um die Segel zu füllen.

Kapitänin Rotfeder schaute durch ihr Fernrohr, während das Schiff auf den Wellen schaukelte. Sie und ihre Piratenmannschaft waren schon seit Wochen unterwegs. Ihre Schatzkarte war aufs Meer geweht worden und sie hatten sich verirrt. Da sah die Kapitänin sehr seltsame Wellen.

Hilfe! Das Schiff sinkt!

„**Achtung!**", rief die Kapitänin. Gleich vor ihnen verschwand das Wasser in einem gefährlichen Strudel.

Hakenhand-Harry wirbelte das Steuerrad herum und wollte das Schiff vom Strudel wegsteuern, aber die Strömung war zu stark. „Ich kann das Rad nicht mehr halten!", brüllte Hakenhand-Harry. „**Wir sinken!**"

„Alle gut festhalten!", rief Kapitänin Rotfeder.

„**Festhalten, festhalten!**", krächzte Papagei Pablo. Die Piraten hielten sich gut fest, als das Schiff im dunklen Trichter verschwand. Es fuhr **hinab, hinab, hinab.**

Sie wurden immer schneller durch den Wassertunnel gewirbelt, bis sie plötzlich wieder zur Oberfläche kamen. Der Strudel spuckte sie auf ein Meer aus, das auf einmal so glatt war wie Glas.

„Schwindlig. **Schwindlig!**", rief Papagei Pablo.

Kapitänin Rotfeder schüttelte den Kopf und richtete sich an Deck auf. „Schaut!", rief sie.

„Land in Sicht! Land in Sicht!", krächzte Pablo.

Hakenhand-Harry steuerte das Schiff zu einer kleinen Insel. Gelber Sand glitzerte in der Sonne.

„Schnell, Kameraden!", rief die Kapitänin. „Zu den Booten."

Sie ruderten an Land und die Kapitänin sprang als Erste heraus. **„Igitt!"**, sagte sie. Sie war mit dem Stiefel auf glibberiges Pergament getreten. „Was ist denn das?"

Kapitänin Rotfeder öffnete die Schriftrolle. Darauf waren das Meer, die Insel und ein rotes X gezeichnet. „Unsere Schatzkarte!", rief sie. „Der Strudel war eine Abkürzung zu dieser Insel!"

Ich liebe Wrackhappen!

„Schatz für Papagei! Schatz für Papagei!", sagte Pablo. „Und für Piraten", ergänzte Hakenhand-Harry.

Die Mannschaft folgte der Karte an den Fundort des Schatzes. Dann buddelten die Piraten fleißig. Plötzlich ertönte ein **Klonk!** Eine Schaufel war auf eine Holztruhe gestoßen! Kapitänin Rotfeder hob die Truhe heraus und öffnete den knarzenden Deckel. Die Piraten jubelten. Vor ihnen glitzerte der Schatz!

„Endlich", sagte Kapitänin Rotfeder. „Der Schatz, den wir gesucht haben, gehört uns!"

Traumzeit

★ Was für ein Schatz war in der Kiste?

★ Wo würdest du einen geheimen Schatz verstecken?

★ Wie würde dein Piratenname lauten?

Beim X wird man fündig!

Dinosaurier

Wenn du einen Dinosaurier treffen willst, bist du hier richtig. Bau dir einen kleinen Dino und erlebe mit deinem neuen Freund ein unvergessliches Abenteuer!

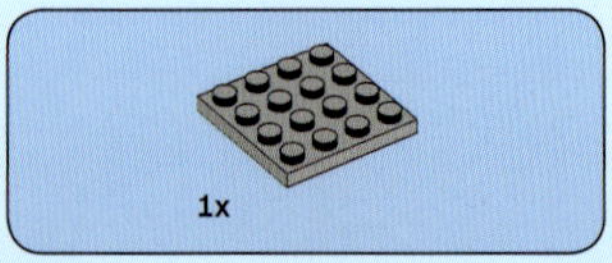

1 1x

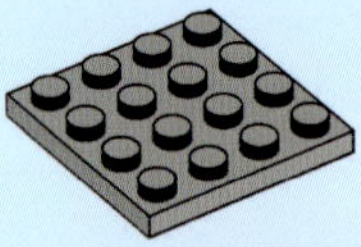

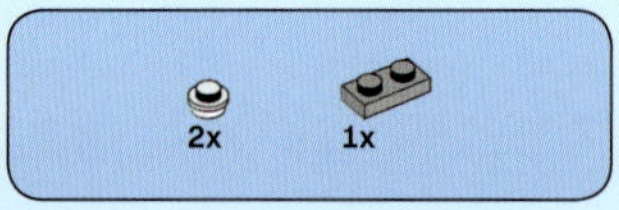

2 2x 1x

3 1x 2x

4 2x

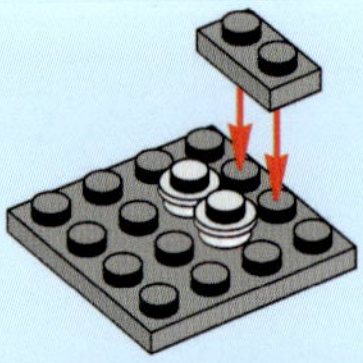

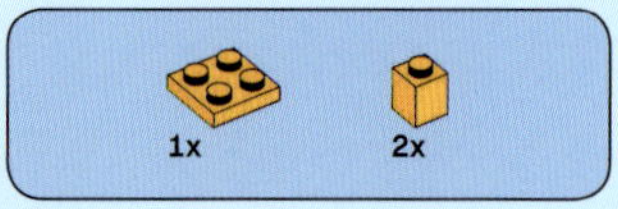

5 1x

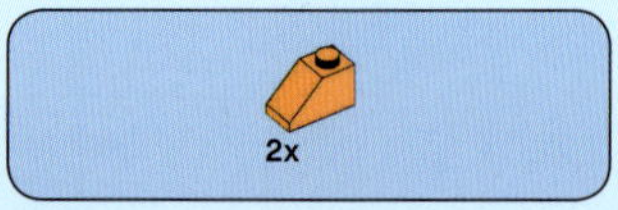

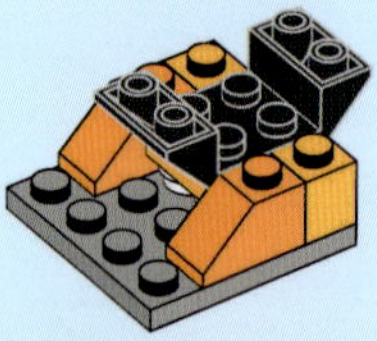

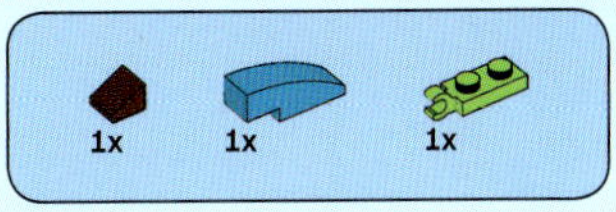

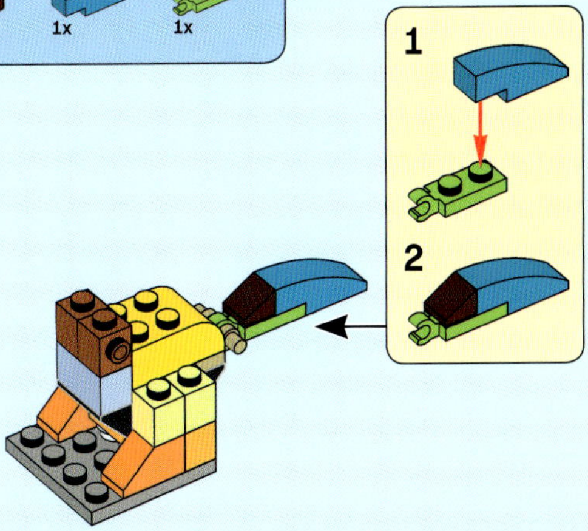

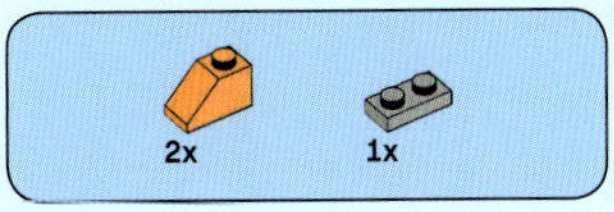

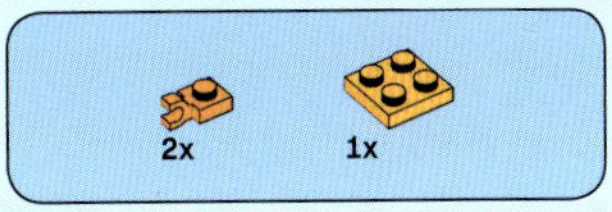

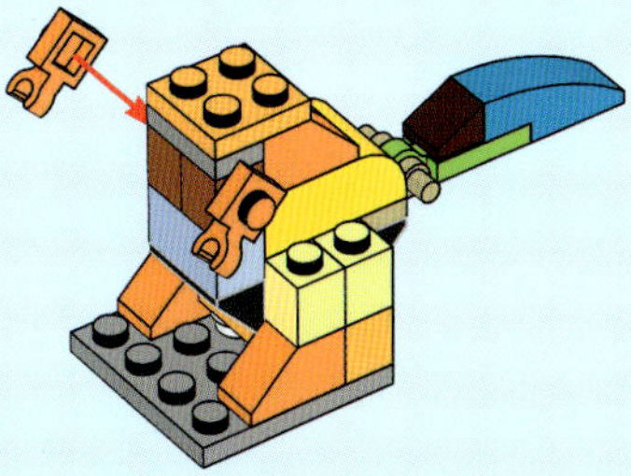

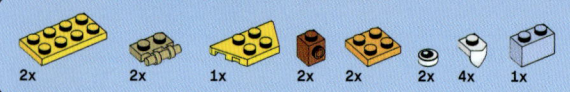

12

1

2

3

4

5
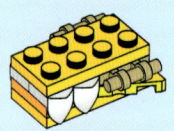

6

7
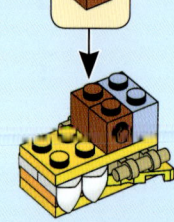

8
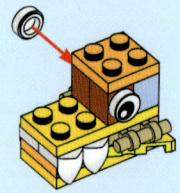

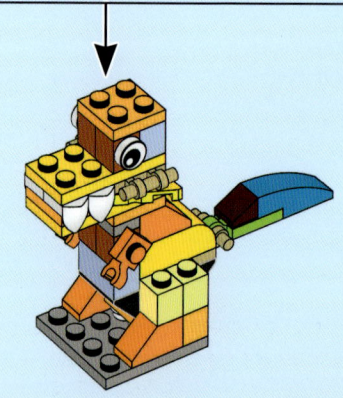

Schon gewusst?

Dinosaurier-Überreste, Fossilien genannt, und ihre Skelette sieht man in Museen überall auf der Welt.

Dinosaurier-Ausflug

Im Museum war Samstag der emsigste Tag. Alle wollten den berühmten Dinosaurier in der Eingangshalle sehen. Aber an diesem Samstag war der Dinosaurier **weg!**

„Dieser Dinosaurier lebt schon seit Millionen Jahren nicht mehr. So einer steht doch nicht einfach auf und geht", sagte der Museumsdirektor verwundert.

Bumm! Bumm! Bumm!

Der Boden des Museums bebte.

„Äh", sagte ein Mitarbeiter, der einem Dinosaurier ins Gesicht blickte, der sehr lebendig war. „Der hier schon!"

„Lauft!", rief der Direktor und alle rannten weg, als der Dinosaurier durchs Museum stapfte und mit seinem großen Schwanz Ausstellungsstücke umwarf.

Aber eine mutige Besucherin rannte nicht.

„Hallo, Dino", sagte Jenny.

„Hallo", erwiderte der Dinosaurier. „Ich bin Dieter. Ich wollte mir immer schon die Stadt ansehen. Kommst du mit?"

„Klingt toll!", sagte Jenny.

Jenny und Dieter liefen aus dem Museum auf einen belebten Bürgersteig. Die Menschen liefen **schreiend** davon, als Jenny und der Dino die Straße entlangspazierten.

„Magst du vielleicht ein Eis?", fragte Jenny und griff nach einer Waffel von der Eisdiele.

„Lecker", sagte Dieter, der seine Waffel mit einem Haps verschlang. „Aber etwas klein, oder?"

Auf dem Spielplatz gefiel es dem Dino, seinen Schwanz im Sandkasten zu vergraben. Einige besorgte Eltern schoben ihre staunenden Kinder aus dem Park.

„Was wollen wir jetzt machen?", fragte Jenny.

„Ins Kino!", erwiderte der Dino. Also gingen sie ins nächste Kino, sahen einen Film und mampften Popcorn – eine kleine Portion für Jenny und 100 extragroße Eimer für Dieter.

Die Dinos in diesem Film sind realistisch!

Knabber!

Knabber!

Es war schon spät, als die Freunde aus dem Kino kamen.

„Ich bin müde." Der Dino streckte sich. „Es war ein aufregender Tag, viel besser als meine normalen Samstage, wenn ich nur rumstehe und mich alle fotografieren. Da fällt mir ein", sagte der Dino, als sie am Eingang des Museums ankamen. „Selfie?"

Jenny und Dieter lächelten auf dem Foto. Dann umarmte Jenny den Dino, so fest sie konnte.

„Das war der **tollste Tag** von allen!" Da waren sie sich einig.

Jenny winkte, während Dieter gähnte und auf seinen Dinosaurierfüßen zurück ins Museum tappte. „Bis nächste Woche!", rief er.

Knurps!

Knurps!

Traumzeit

★ Welchen Namen hätte dein Dinosaurier-Freund?

★ Wohin würdest du den Dinosaurier führen?

★ Wem sollte dein Dinosaurier begegnen?

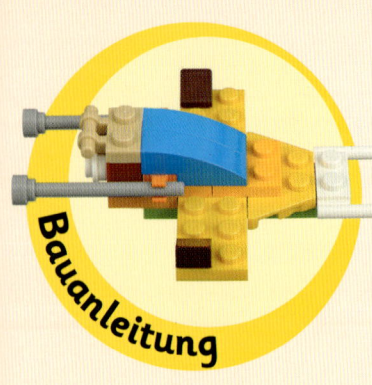

Bauanleitung

Raumschiff

Drei, zwei, eins – bauen! Auf geht's zu einer Reise, die diese Welt hinter sich lässt. Du brauchst nur deine Steine und diese Anleitung, um ein Raumschiff zu bauen.

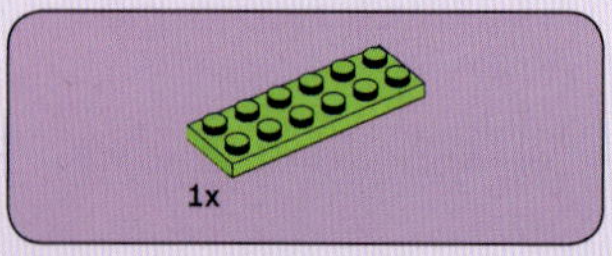

1 1x

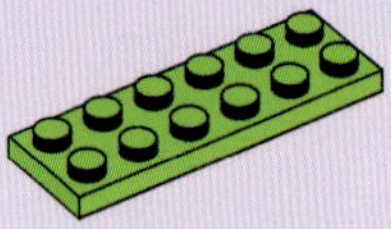

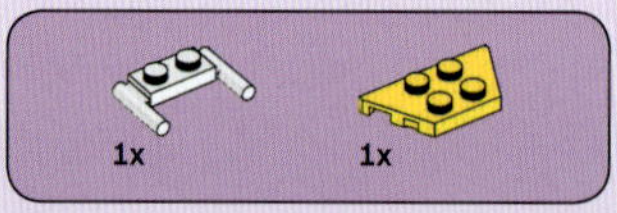

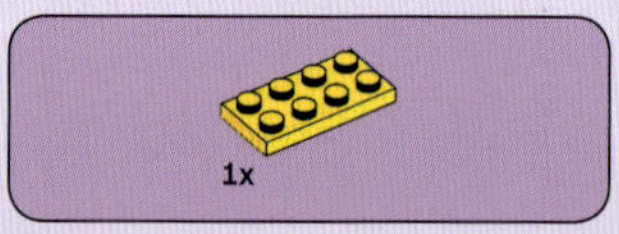

2 1x   1x

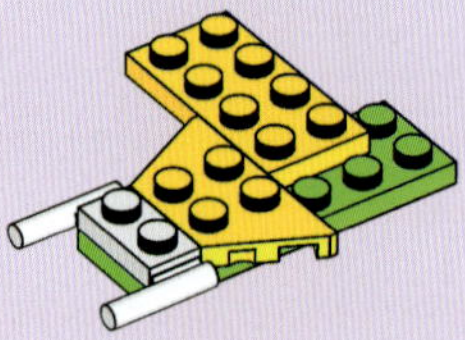

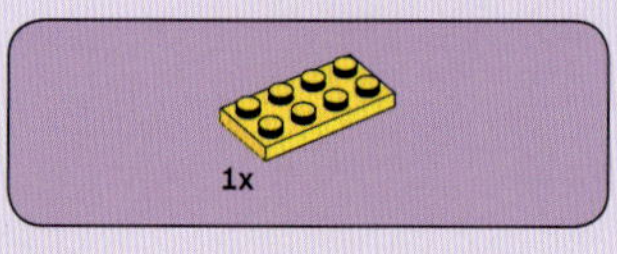

3 1x

4 1x

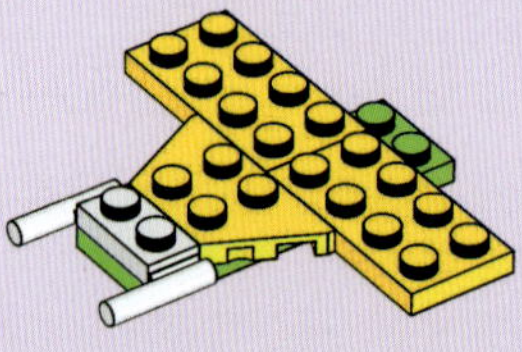

Schon gewusst?

Der erste Mensch, der ins Weltall reiste, war der Russe Juri Gagarin. Er flog im April 1961 mit dem Raumschiff Wostok 1 ins All.

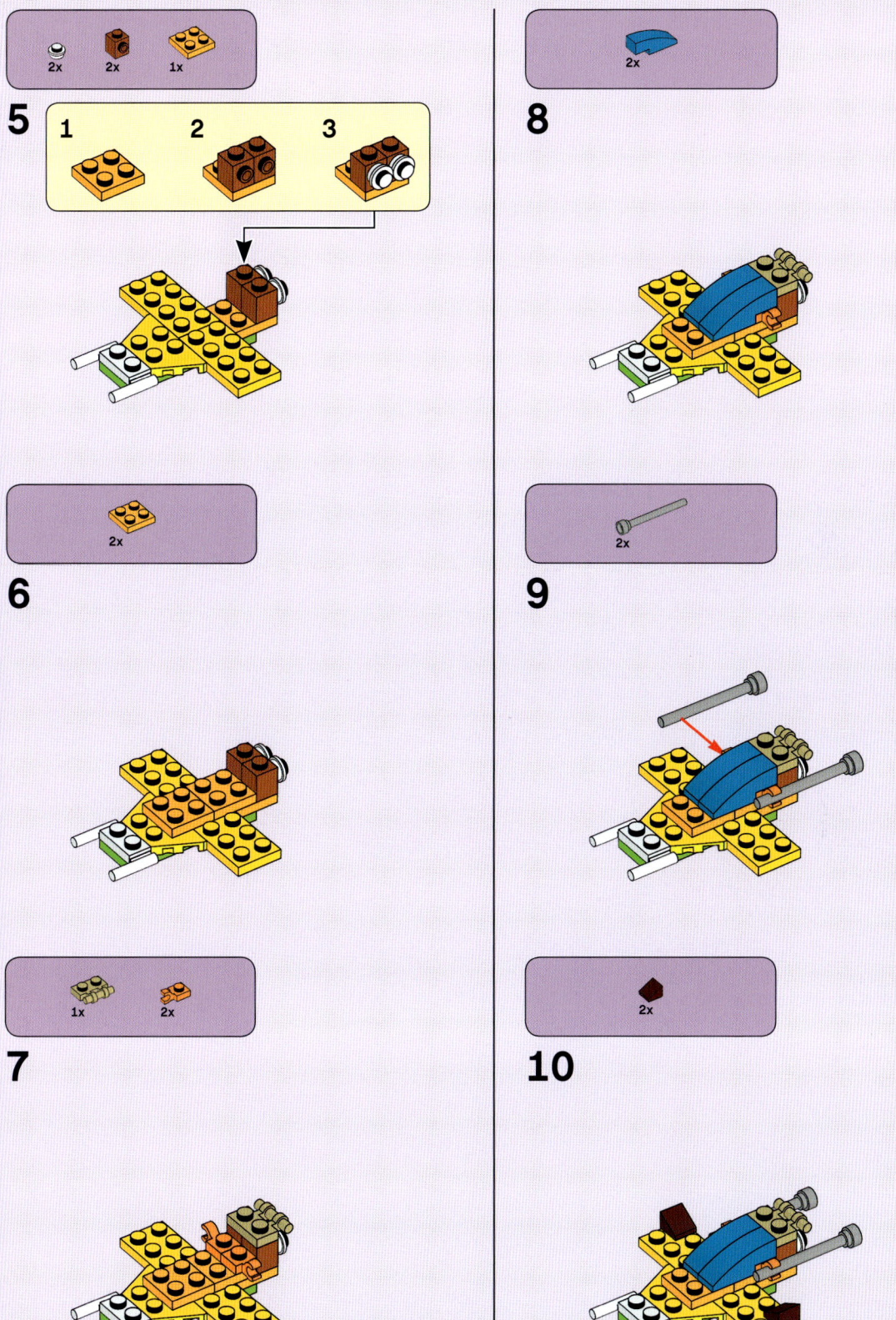

Das Weltraumrennen

„**Willkommen** beim Weltraumrennen!", dröhnte die Stimme des Ansagers. „**Teilnehmer, auf die Plätze!**"

Raumschiffe aller Größen, Formen und Farben schwebten über der Startlinie der riesigen Raumarena. Auf jedem Platz saß ein aufgeregter Renn-Fan.

Die Raumroute war dieses Jahr schwerer als je zuvor! In selbst gebauten Schiffen mussten die Piloten aus der Arena zischen, durch ein Asteroidenfeld zum Planeten Ogel fliegen und zurück zur Ziellinie sausen.

Möge der Beste gewinnen!

Es war Joe Jets erstes Rennen und er war nervös. „Keine Sorge", sagte seine Trainerin Paula. „Dein Schiff ist perfekt. Du wirst den Preis für den allerschnellsten Raumschiffrennpiloten der Galaxis gewinnen."

Joe schaute sich die Mitbewerber und ihre glänzenden Schiffe an. Sie wirkten alle so selbstsicher, besonders die letzte Siegerin Randi Rakete. Randi grinste ihn an: **„Ich werde gewinnen!"**

Joe schluckte, während seine Trainerin Helm und Gurt festzog.

„Auf die Plätze, fertig, los!",

rief der Ansager.

Die Raumschiffe schossen los, aber Joes Schiff saß fest! Endlich jaulte der Motor doch noch auf und Joe flog an den kreischenden Fans in der Arena vorbei.

Es dauerte nicht lang, da hatte Joe die anderen Teilnehmer überholt und lag gleichauf mit Randi Rakete. Er wollte noch schneller werden, aber da kam schon das Asteroidenfeld. „Langsam und ruhig jetzt für diesen Teil", murmelte Joe.
Randi raste durch das Feld, als plötzlich

Krach!

ein Asteroid in ihren Flügel krachte. „**Hilfe!**", rief Randi über Funk.

Joe flog zu Randi Raketes Schiff und klinkte ein Abschleppseil ein, um Randi in Sicherheit zu bringen. „Wir werden es auf Ogel reparieren", sagte er.

Als sie in Ogel ankamen, winkten ihnen die anderen Piloten zu, die schon zur Arena zurücksausten.

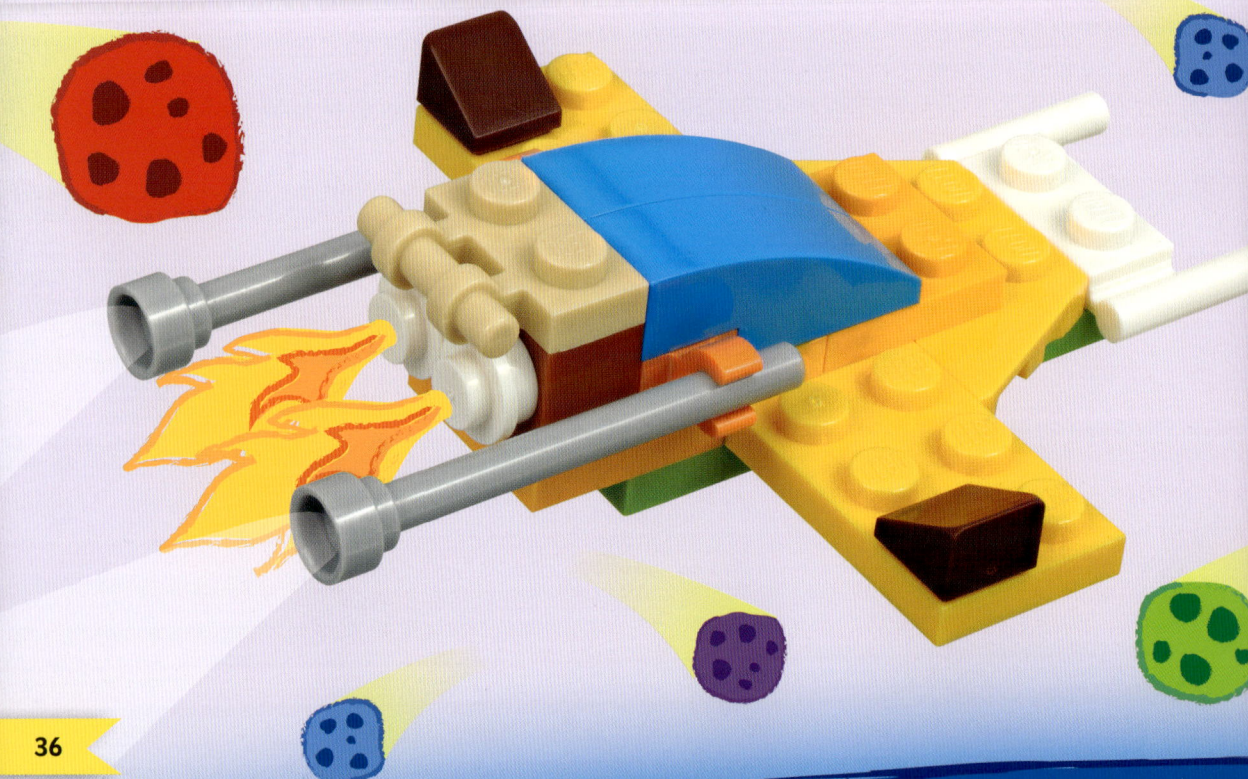

„Wir liegen Lichtjahre zurück!", klagte Randi, während sie das Raumschiff reparierten.

„Schau. Schon fertig", erwiderte Joe. „Jetzt beenden wir das Rennen."

Die beiden Piloten zischten zurück zur Arena, so schnell sie ihre Schiffe trugen, und Randi lag auf der Ziellinie ganz knapp vor Joe.

Die Menge brüllte begeistert, als Joes Schiff zum Halten kam.

„Joe, Joe, Joe, Joe!", jubelten sie.

Der Ansager reichte dem Gewinner des Rennens den Preis und rief dann Joe aufs Podium!

„Aber ich habe doch verloren!", rief Joe. „Ich bin als Allerletzter angekommen."

„Und der Preis für den mutigsten Raumrennpiloten der Galaxis geht an Joe Jet!", dröhnte der Ansager. Auch Randi Rakete klatschte, als Joe den Pokal entgegennahm.

Traumzeit

★ Wie würde dein Raumschiff aussehen?

★ Wie lautet dein Raumrennpiloten-Name?

★ Wohin würdest du in deinem Raumschiff fliegen?

Elefant

Elefanten sind tolle Tiere und der hier hat ein besonderes Talent. Also bau los und blättere weiter, um herauszufinden, was für Geheimnisse dieser kleine Elefant verbirgt.

1
1x   1x

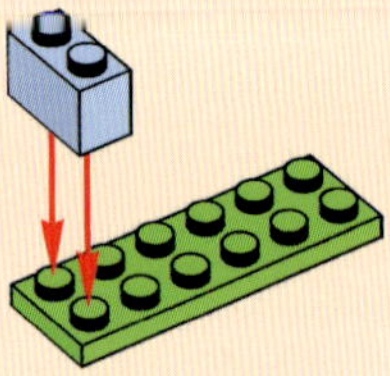

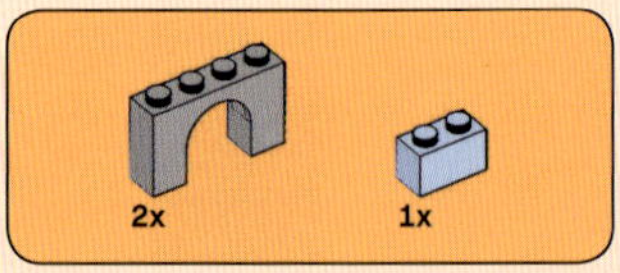

2
2x   1x

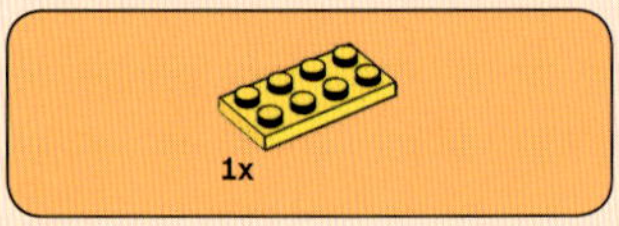

3
1x

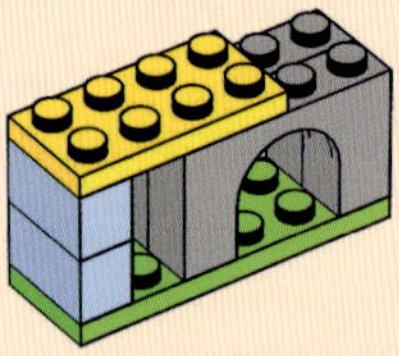

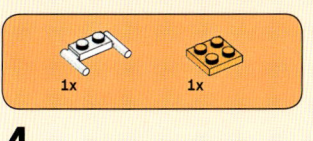

4

5

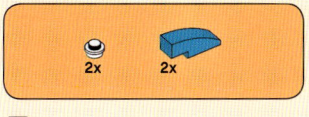

6

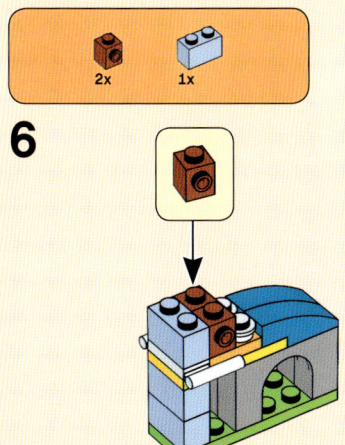

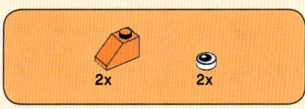

7

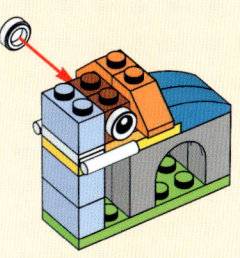

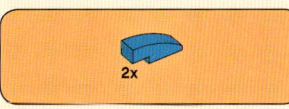

8

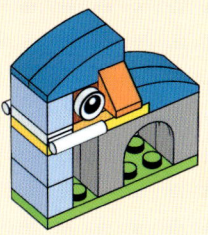

Schon gewusst?

Elefanten unterhalten sich mit tiefen, dröhnenden Klängen. Die produzieren sie auf dieselbe Weise, wie wir Menschen singen.

Simons großer Auftritt

Elefanten können sehr gut singen. Ob in der Dusche oder im Dschungel – einfach überall erfüllt der Klang ihrer Trompetenstimmen die Luft mit den schönsten Melodien.

Eines Tages hörte Giraffe Julia am Wasserloch, wie Elefant Simon sich mit Wasser bespritzte und ein Liedchen sang:

„La, la, la, laaa!"

„Das klingt wunderbar, Simon", sagte Julia.

„Aber wirklich", sagte die Löwin Lisa. „Du solltest mal vor einem Publikum auftreten."

Simon wurde rot. Er war ein schüchterner Elefant. „Ich glaube, ich stünde nicht gern im Rampenlicht."

„Hm", sagte Lisa. **„Ich hab da eine Idee."**

Am nächsten Abend kamen alle Tiere der Savanne, um Simon singen zu hören.

Simon stand hinter dem Vorhang. „Ich glaube, ich kann vor all diesen Tieren nicht singen!", rief er panisch. Lisa beruhigte ihn. „Keine Sorge. Vertrau mir."

Der Vorhang öffnete sich und das Publikum wurde still. Simon hörte nur das Klopfen seines Herzens, als er darauf wartete, dass das Orchester loslegte. Der Dirigent zückte seinen Stock und Musik wogte über die Bühne. Simon fing an zu singen, anfangs leise, dann **immer lauter.**

„**Hey!**", rief ein Nashorn. „Macht das Licht an. Wir sehen Simon nicht!"

„Das ist meine Idee", erklärte Lisa hinter der Bühne. „Kein Rampenlicht! Überhaupt kein Licht, sodass niemand dich sieht. Du kannst so tun, als wäre das Publikum gar nicht da."

Simon trötete die Noten seines Lieblingsliedes wunderschön. Als es aus war, klatschte und jubelte die Menge.

„Wir wollen Simon sehen!", riefen sie.

Simon nickte Lisa zu, und das Bühnenlicht ging an. Die Menge stand auf und klatschte noch lauter.

„**Bitte sing noch ein Lied!**", riefen alle.

Simon verbeugte sich. Vielleicht war das Rampenlicht gar nicht so schlimm. Er strahlte den Dirigenten an und die Musik begann erneut.

Traumzeit

★ Was für ein Lied hat Simon gesungen?

★ Was würdest du auf der Bühne vorführen?

★ Was ist dein Lieblingslied?

Spinne

Gääähn! Nach dem Bau dieser Spinne und der Geschichte ist es bestimmt Zeit, sich ins Bett zu kuscheln. Lass dich von der netten Spinne nicht die ganze Nacht wach halten!

Bauanleitung

1
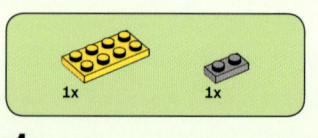

2
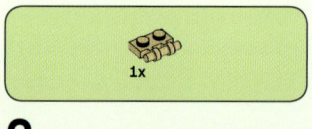

4
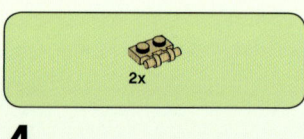

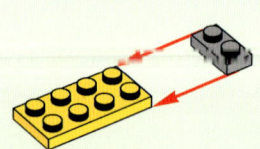

3

5

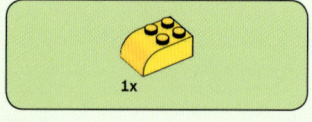

Schon gewusst?

Manche Spinnenarten sind nachtaktiv. Das heißt, sie schlafen tagsüber und sind nachts wach.

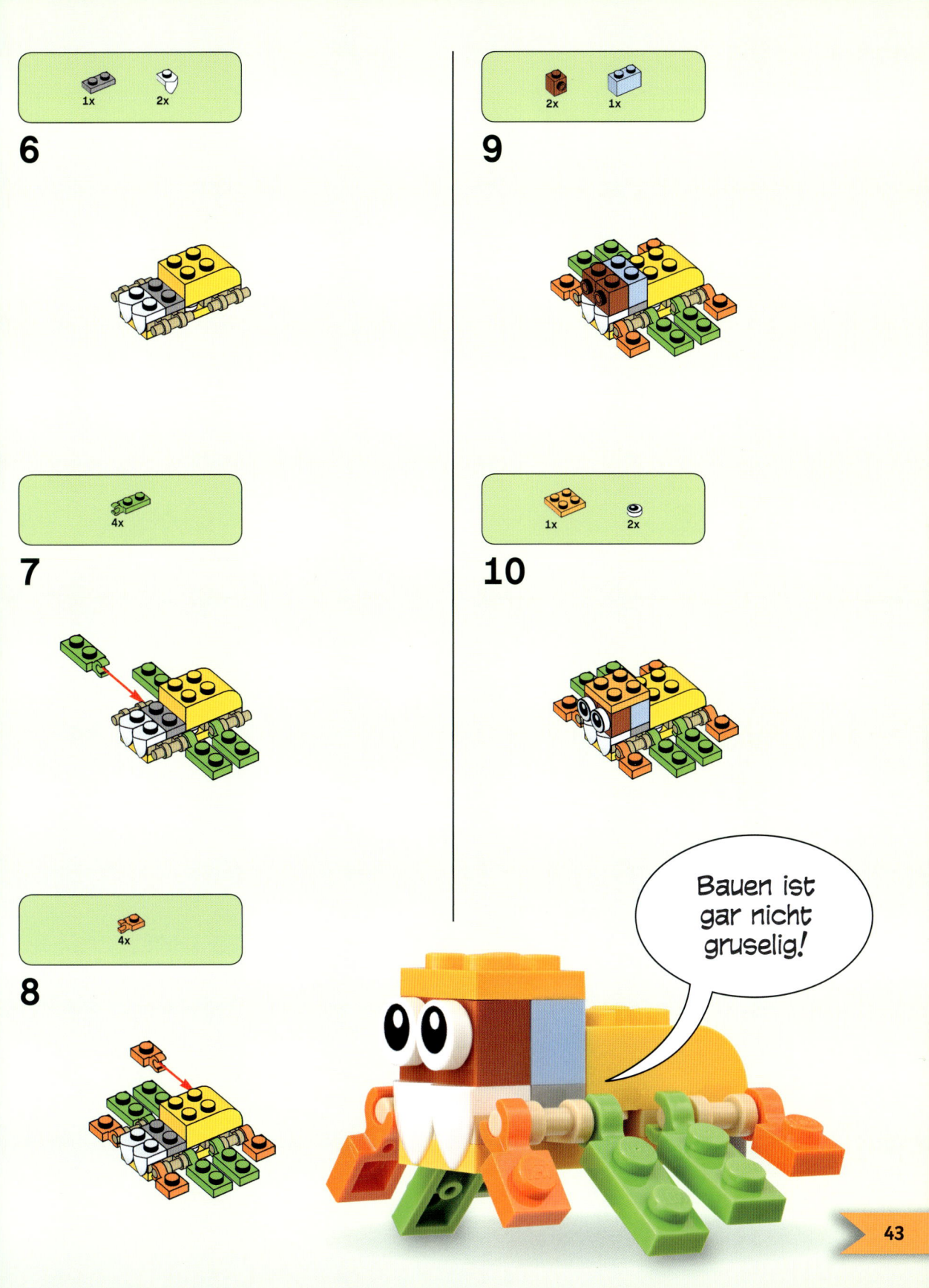

Die schlaflose kleine Spinne

Ticktack, ticktack! Sam Spinne beobachtete, wie der kleine Zeiger um die Uhr lief. Sehr, sehr lange versuchte er nun schon einzuschlafen – und es wollte einfach nicht gelingen!

„**Tick!**", machte seine Uhr.

„Was war das für ein Geräusch?!", fragte sich Sam erschrocken.

Seine Tür **quietschte.** Ein riesiger Schatten stand dort.

„O nein!", sagte Sam und zog sich die Decke übers Gesicht. „Ein schrecklicher Mensch will mich fressen!"

„Ich bin's nur!", sagte Oma Spinne. „Jetzt ist Schlafenszeit, Sam." Sie kuschelte die kleine Spinne in die Decke ein.

„Geht nicht, Oma", sagte Sam. „Es ist zu gruselig zum Schlafen."

Huch! Was war das?

„Wie wär's mit etwas warmer Milch?", fragte Oma Spinne und reichte ihm eine Tasse. „Danach werde ich am Abend immer ganz schläfrig."

„Nein, danke", sagte Sam und schob die Tasse zu Oma Spinne zurück. „Was, wenn in meinem Schrank ein **Milchmonster** steckt?"

Oma Spinne runzelte die Stirn und nippte an der Milch. „Monster gibt es doch gar nicht."

Sam nahm seinen Teddy. „Ich kann immer noch nicht schlafen."

„Armer Sam", sagte Oma. „Warum zählen wir nicht Schafe?"

„Schafe?!", rief Sam. „Bist du mal einem Schaf begegnet? Die sind zu gruselig."

Oma Spinne rieb sich den Kopf. „Ein Schlaflied vielleicht?"

„Na gut", sagte Sam.

„Sternlein, Sternlein in der Nacht …", begann Oma.

„Halt!", rief Sam. „Sterne könnten vom Himmel fallen und unser Haus treffen. Ich schlafe niemals ein, wenn ich an Sterne denke."

„Na gut", sagte Oma. „Eine Geschichte. Es war einmal eine **große, prächtige Spinne."** „O nein! Keine große Spinne, Oma. Das ist viel zu gruselig als Gute-Nacht-Geschichte", erklärte Sam.

„Sam", sagte Oma. **„Ich bin müde!"**

„Ich bin auch müde", gab Sam zu. „Aber zum Schlafen gibt es viel zu viele gruselige Dinge. Was, wenn ich hier im Dunkeln allein bin und ein schrecklicher Mensch mich fressen will? Dann kommt ein Milchmonster und frisst den Menschen und eine Schafherde taucht auf und in meinem Schlafzimmer gibt es ein großes Monstergetümmel! Und dann fällt ein Stern ins Zimmer und eine große Spinne sitzt …"

„Ich schlafe nie ein!"

Sam richtete seine Decke. „Oma?"
Oma hatte sich auf Sams Bett eingerollt.
„Gute Nacht, Oma", sagte Sam und kuschelte sich an sie.
„Zzzzzzz!", schnarchte Oma Spinne laut.
Sam fuhr hoch. „Was war das für ein Geräusch?!"

Traumzeit

★ Was könnte Sam tun, damit er sich nicht mehr so fürchtet?

★ Was machst du, wenn du nicht einschlafen kannst?

★ Was ist deine liebste Gute-Nacht-Geschichte?

Ich bin nicht bär-eit für Grusel!

Dorling Kindersley dankt Randi Sørensen, Heidi K. Jensen, Paul Hansford, Martin Leighton Lindhardt, Nina Koopmann und Anette Steensgaard von der LEGO Gruppe.

Lektorat Tori Kosara, Paula Regan, Julie Ferris, Simon Beecroft
Gestaltung und Bildredaktion Jenny Edwards, Sam Bartlett, Jo Connor, Lisa Lanzarini
Herstellung Siu Yin Chan, Lloyd Robertson
Schlafberatung Lauren Hale, PhD
Modellfotografie Gary Ombler

Für die deutsche Ausgabe:
Programmleitung Monika Schlitzer
Projektbetreuung Christian Noß
Herstellungsleitung Dorothee Whittaker
Herstellungskoordination Katharina Schäfer
Herstellung Evely Xie

Titel der englischen Originalausgabe:
The LEGO® Book of Bedtime Builds

© Dorling Kindersley Limited, London, 2019
Ein Unternehmen der Penguin Random House Group
Alle Rechte vorbehalten

LEGO, the LEGO logo, the Minifigure, and the Brick and Knob configurations are trademarks and/or copyrights of the LEGO Group.
All rights reserved.
© 2019 The LEGO Group.

Manufactured by Dorling Kindersley
80 Strand, London, WC2R 0RL
under license from the LEGO Group.

© der deutschsprachigen Ausgabe by Dorling Kindersley Verlag GmbH, München, 2019
Alle deutschsprachigen Rechte vorbehalten
1. Auflage, 2019

Jegliche – auch auszugsweise – Verwertung, Wiedergabe, Vervielfältigung oder Speicherung, ob elektronisch, mechanisch, durch Fotokopie oder Aufzeichnung, bedarf der vorherigen schriftlichen Genehmigung durch den Verlag.

Übersetzung Simone Heller
ISBN 978-3-8310-3775-9

Druck und Bindung Leo Paper Products, China

www.dorlingkindersley.de
www.LEGO.com